D1848718

Sonne, Mond und Sterne

Lesealter ab 7/8
Große Schrift
Bekannte Autoren
Viele farbige Illustrationen

Erhard Dietl

Die Olchis fliegen in die Schule

Verlag Friedrich Oetinger · Hamburg

Das ist ein Olchi

Ein Olchi hat Hörhörner.
Er hört Ameisen husten
und Regenwürmer rülpsen.

Die Knubbelnase riecht
gern Verschimmeltes und
faulig Stinkendes.

Olchi-Haare sind so hart,
dass man sie nicht mit
einer Schere schneiden
kann, sondern eine Feile
braucht.

Olchi-Augen fallen gerne
zu, denn ein Olchi ist
stinkefaul und schläft für
sein Leben gern, egal, ob es
Tag ist oder Nacht.

Olchi-Zähne knacken alles,
Glas, Blech, Plastik,
Holz oder Stein!

In Schlammpfützen
hüpfen die Olchis
gern herum.

Olchis freuen sich, wenn sie
im Müll leckere Sachen
finden. Sie essen und trinken
am liebsten Scharfes, Bitteres
und Ätzendes.

Ein Olchi wäscht sich nie.
Daher stinkt er fein faulig.
Fliegen lieben die Olchis, aber
ihr Mundgeruch lässt die
Fliegen oft abstürzen.

Olchis sind stark.
Einen Ziegelstein können
sie 232 Meter weit werfen.

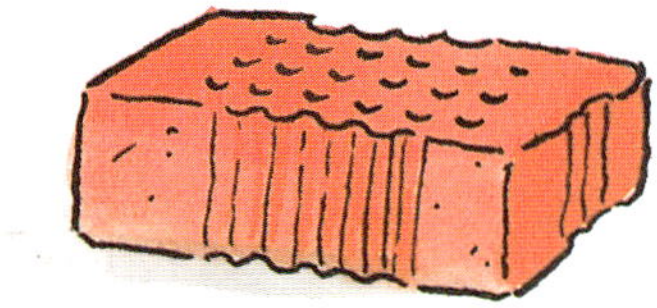

In stinkigem Qualm fühlen
sich Olchis besonders wohl.
Auch Autoabgase atmen sie
gern ein.

Ein verteufelt muffeliger Morgen

Die Höhle der Olchis liegt genau zwischen der Müllgrube und der Autobahn. Wenn der Wind von Osten weht, riecht es nach verfaulten Eiern, ranzigem Fisch und ähnlichen wundervollen Dingen. Dann freuen sich die Olchis, denn sie mögen diesen fein fauligen Duft ganz besonders gern.

Heute jedoch ist es völlig windstill. Kein Grashalm bewegt sich. Die Sonne scheint so warm, wie sie kann, und kein Wölkchen steht am Himmel. Eigentlich ein wunderschöner Sommertag.

„Muffel-Furz-Teufel, was für ein Mieswetter“, grummelt Olchi-Opa. Er kann Sonnentage nicht leiden. Viel lieber mag er Regenwetter. Mistwetter, bei dem man

in die Regenpfützen platschen und durch den Schlamm schlappern kann. Alles schön aufgeweicht und matschig, das ist Olchi-Wetter.

„Muffel-Furz-Teufel!", sagt Olchi-Opa noch einmal. Dabei schaut er durch den Vorhang nach draußen und kneift die Augen zu. Er kaut verdrießlich an seiner abgenagten Knochenpfeife.

Die ganze Olchi-Familie hockt muffelig in der Höhle herum. Was kann man schon anstellen an so einem versonnten Miestag? „Dieses Rummuffeln macht mich kotzteufelig schlapp!“, sagt Olchi-Opa.

„Ist doch schön“, sagt Olchi-Mama, „dann ruh dich aus.“

Sie gibt Olchi-Baby einen Schnullerstein zum Lutschen, damit es endlich aufhört zu schreien.

„Muffel-Furz-Teufel, ich will Abenteuer!“, sagt Olchi-Opa. „Ich will mal wieder Abenteuer so wie früher. Vor 300 Jahren! Das waren noch aufregende Zeiten!“
„Was hat dich aufgeregt, Opa?“ Die Olchi-Kinder spitzen die Hörhörner. „Was hat dich denn aufgeregt vor 300 Jahren?“
„Na, da hab ich die Abenteuer geliebt, beim Kröten-Furz! Als ich so alt war wie ihr, da war ich der tollste Abenteuer-Olchi jenseits der Müllberge. Das könnt ihr mir glauben. Muffel-Furz-Teufel!“
„Los, Opa, erzähl doch mal!“, sagt das eine Olchi-Kind. Wenn Olchi-Opa erzählt, ist das fast so schön wie Schlamm-Pfützen-Springen.
„Ja, was soll ich da groß erzählen“, sagt Olchi-Opa. „Ich erinnere mich an einen miesen Sonnentag wie heute. Da hab ich

ein tiefes Loch gegraben. Ich hab mich durch die Erde gebuddelt, bis ich auf der anderen Seite wieder rausgekommen bin. In Australien. Wie ein Maulwurf bin ich da aus dem Boden gekrochen. Die Kängurus waren ganz aus dem Häuschen. Vor Schreck sind sie sich gegenseitig in die Beutel gehüpft. Muffel-Furz-Teufel!“

„Ach, du mit deinen alten Geschichten!“, sagt Olchi-Oma. Sie legt eine Schallplatte auf ihr Grammofon und steckt den Kopf in den Trichter. Das macht sie immer, wenn ihr etwas auf die Nerven geht.
„Los, erzähl weiter!“, rufen die Olchi-Kinder.

„Also, schließlich hab ich mich doch mit einem Känguru angefreundet", erzählt Olchi-Opa weiter. „Ich hab mich in seinen Beutel gesetzt und es ist mit mir durch die Gegend gehüpft. Und dann sind wir über einen Kaktus gesprungen. Und genau in dem Moment bin ich rausgefallen!"
„Ach du schleimiger Schleimbeutel!", rufen die Olchi-Kinder. „Hast du dir wehgetan?"

„Ach was“, sagt Olchi-Opa, „ich war doch nicht so zimperlich! Hab mir die Kaktus-Stacheln einfach wieder aus dem Hintern gezogen. Mit den Stacheln, einem Stück vom Kaktus und einer Handvoll Wüstensand hab ich dann einen erstklassigen Teufel-Furz-Muffler gebastelt.“
„Was ist denn das für ein Ding?“, fragt das eine Olchi-Kind.
„Ein Teufel-Furz-Muffler?“, sagt Olchi-Opa. „Tja, so ein gut gebauter Teufel-Furz-Muffler, der muffelt und furzt eben wie der Teufel! Und besonders bei Gegenwind. Und besonders in Australien.“
„Aha. Und dann?“
„Dann bin ich nicht mehr eingestiegen in den Känguru-Beutel. Mir war schlecht von der Schaukelei. Das schlingert ja wie ein altes Dampfschiff!“

„Du warst mal auf einem Dampfschiff?“, fragt das eine Olchi-Kind.
„Na und ob. Vor 150 Jahren bin ich jeden Tag über die sieben Weltmeere gesegelt. Hin und her. Immer wieder hin und her und hin. Und rauf und runter. Jeden Haifisch hab ich persönlich gekannt. Das waren Abenteuer, Muffel-Furz-Teufel!“
Olchi-Opa beißt ein Stück Knochenpfeife ab und spuckt es in die Ecke.

„Wir erleben nie Abenteuer“, sagen die Olchi-Kinder enttäuscht.
„Na, dann spielt doch ein bisschen in der Müllgrube“, mischt sich Olchi-Papa ein.
„Oder buddelt ein Loch wie der Opa.“
Olchi-Papa sitzt in seiner alten Obstkiste und lacht.
„Ja, spielt auf der Müllkippe“, sagt jetzt auch Olchi-Mama, „die schlechte Luft dort wird euch guttun!“ Und sie schiebt die beiden Olchi-Kinder aus der Höhle.

Olchi-Kinder haben keine Angst

Die Olchi-Kinder stehen jetzt ein wenig ratlos herum.
„Wo sollen hier schon Abenteuer sein? Die Müllkippe ist langweilig", sagt das eine Olchi-Kind.
„Die verlausten Schlammgruben sind ausgetrocknet!", sagt das andere Olchi-Kind.
„Lass uns doch mit Feuerstuhl spielen", schlägt das eine Olchi-Kind vor.
Die Olchi-Kinder klappen das große Garagentor auf. Der grüne Drache blinzelt ihnen schläfrig entgegen. Er kriegt seine Augen kaum auf, denn gerade hat er sein Morgenschläfchen gehalten.
„Wollen wir mit ihm fliegen?", fragt das eine Olchi-Kind. „Traust du dich?"

Die Olchi-Kinder sind noch nie ohne ihren Olchi-Papa mit Feuerstuhl geflogen.
„Na klar trau ich mich!“, sagt das andere Olchi-Kind.

Sie führen Feuerstuhl aus der Garage und stapeln zwei alte Ölfässer übereinander. So können sie leicht auf Feuerstuhls Rücken klettern.

„Spotz-Rotz!“, schreien die Olchi-Kinder. So macht es auch der Olchi-Papa immer.

Schon donnert der Drache los.

Er stößt ein paar gelbe Rauchwolken aus und dröhnt wie ein kaputter Staubsauger.

Dann steigt er hoch in den Himmel.

Die Olchi-Kinder krallen sich ganz fest in seine schuppige Haut. Ihr Olchi-Herz klopft ihnen bis zum Hals. Tief unten sehen sie jetzt die Müllkippe liegen und weiter hinten die ausgetrockneten Schlammpfützen.
Dann fliegen sie über den Wald.
Da gibt Feuerstuhl plötzlich Gas. Er spotzt und zischt und schnaubt. Er macht einen

doppelten Looping. Er wird schneller und schneller und steigt höher und höher. Schließlich taucht er in eine dicke weiße Wolke ein. Da ist es so nebelig, dass die Olchis kaum mehr die Spitze ihrer Knubbelnase sehen können.
„Feuerstuhl, du bist zu hoch!“, rufen sie, so laut sie können.

Feuerstuhl macht einen Höllenlärm. Der Drache faucht kurz und dann saust er im Sturzflug wieder nach unten.
Fast wäre das eine Olchi-Kind dabei abgerutscht. Zum Glück kann es sich im letzten Moment an Feuerstuhls Flügel festhalten.
„Feuerstuhl, du bist zu schnell!“, brüllen die Olchi-Kinder.
Vor Schreck sind ihre Nasen ganz blass geworden. Der Fahrtwind hat ihnen die Hörhörner weit nach hinten gebogen.
Endlich fliegt der Drache ein wenig langsamer. Und nicht mehr ganz so hoch.
„Feuerstuhl, du sollst nicht immer übertreiben, wenn du gute Laune hast!“, sagt das Olchi-Kind.
„Pffffft!“, macht Feuerstuhl.
„Pffffffffff!“

Da sehen sie die Häuser der Stadt unter sich auftauchen.
„Schau mal, da unten!“, sagt das eine Olchi-Kind. „So viele Kinder! Was ist denn da los?“
„Da müssen wir hin!“, sagt das andere Olchi-Kind. „Los, Feuerstuhl, geh runter!“
Die Olchis haben die Grundschule von Schlamperhofen entdeckt. Gerade ist die Pause vorbei. Der Schulhof leert sich. Alle Kinder müssen zurück in ihre Klassenzimmer.

Feuerstuhl schwebt nach unten und landet zwischen den Autos auf dem Lehrer-Parkplatz.

„Feuerstühlchen, warte hier, wir wollen sehen, was da los ist!“, sagen die Olchi-Kinder.

Natürlich haben die Olchis keine Ahnung, was eine Schule ist. Neugierig tippeln sie hinter den Kindern her ins Schulhaus.

Es geht durch die breite Flügeltür, am Kakao-Automaten vorbei, an der Wand entlang, wo die Bilder der 2 c hängen. (Wir malen einen Früchtekorb, heißen die Bilder.) Dann die breite Treppe hoch in den ersten Stock, wo die Klassenräume sind. Vor einem großen gläsernen Schrank bleiben die Olchis stehen. Ausgestopfte Vögel, Mäuse, Wiesel und Lurche sind da ausgestellt. Und ein richtiger Fuchs!

„Ach, du schlapper Schlammfuß, sie töten hier Tiere!“, flüstert das eine Olchi-Kind. „Spotz-Teufel, ist das gruselig!“

Sie sehen, wie die Kinder in ihren Klassenzimmern verschwinden.
Kurz bevor die letzte Tür zugemacht wird, schlüpfen die beiden Olchis mit hinein – ins Zimmer der Klasse 3 b. Kaum haben die Kinder die Olchis entdeckt, entsteht ein riesiges Durcheinander.
„Die Olchis sind da! Das sind Olchis!“, schreit Sabine. Sie hat schon oft von den Olchis gehört und gelesen.
Die Schulkinder sind begeistert. Ein paar ganz mutige zupfen sogar an den steifen Olchi-Haaren und streichen mit dem Finger über die grüne Olchi-Haut.
„Iiih, wie Tintenfisch!“, sagt Florian und zieht schnell die Hand zurück.
„Manno, wie die stinken!“, ruft Larissa und hält sich die Nase zu.
„Wenn Frau Nudel kommt, fällt sie in

Ohnmacht!“, sagt Leo.

Frau Nudel ist die Musiklehrerin. Eigentlich heißt sie Frau Trudel, aber Frau Nudel finden die Kinder lustiger.

Augenhöhle
Oberkiefer
Unterkiefer
Halswirbel
zweiter Finger
Mittelhand
dritter
vierter Finger
HAND
OBERARM
Elle
Speiche
UNTERARM
Schulterblatt
Rabenschnabelbein
Gabelbein
(= Schlüsselbeine)
Becken
verwachsenes Endstück der Schwanzwirbelsäule
Brustbein
Brustbeinkamm
Rippenfortsätze
Rippen
OBERSCHENKEL
UNTERSCHENKEL
(Schienbein mit Wadenbein u. einer Reihe von Fußwurzelknochen verschmolzen)
Ferse
LAUF (aus Mittelfuß- und einigen Fußwurzelknochen verschmolzen)
Kropf
Drüsenmagen
Muskelmagen
Dünndarm
Nieren
Luftröhre
Lunge mit Luftsäcken (weiß)
Leber
Abb. 9. Verdauungsorgane der Taube

„Wenn Frau Nudel kommt, sagen wir, dass ihr die Neuen seid!“, sagt Johannes aufgeregt.
Sie schieben die Olchi-Kinder nach hinten in die leere Bank. Weil die Olchis so klein sind, können sie kaum über den Tischrand sehen. Ihre grünen Knubbelnasen liegen wie dicke Gewürzgurken auf der Tischplatte.
„Hast du Angst?“, flüstert das eine Olchi-Kind.
„Noch nicht!“, flüstert das andere Olchi-Kind zurück.
Und dann geht die Tür auf und Frau Trudel kommt herein.

So schön kann Schule manchmal sein

„Florian, würdest du bitte das Fenster öffnen!", sagt Frau Trudel. „Es stinkt hier ja wie in einer Mülltonne!"
Die Kinder kichern. Florian steht auf und öffnet das Fenster.
„Das sind die Olchis, die so stinken!", sagt Sabine, die immer ein wenig vorlaut ist.
„Ruhe!", sagt Frau Trudel. „Bitte holt eure Blockflöten heraus. Zuerst spielen wir unsere Flöten-Übungen. Dann werden wir zusammen ein neues Lied lernen. Sabine, kannst du bitte anfangen mit ..."
„OOAAAHRR!", hört man plötzlich einen lauten Rülpser aus den hinteren Reihen.
„Wer war das?", will Frau Trudel wissen.
Die Kinder kichern und glucksen.
„OOAAAHRR!", macht es da noch mal.

Als Frau Trudel „Mülltonne“ gesagt hat, da hat das eine Olchi-Kind plötzlich Hunger bekommen. Und wenn ein Olchi Hunger hat, dann rülpst er.
Jetzt hat Frau Trudel die Olchis entdeckt. „Wa... Wa... Was ist das?“, stammelt sie. Ihr ausgestreckter Arm zeigt auf die kleinen grünen Wesen.

„Das sind die Olchi-Kinder, Frau Trudel", sagt Johannes. „Das sind die Neuen!" Frau Trudel steht wie angewurzelt da. Sie nimmt ihre Brille ab und reibt sich die Augen. Dann setzt sie ihre Brille wieder auf.

„Äh, ja, ach so", sagt sie. „Die Olchi-Kinder. Natürlich." Frau Trudel tut jetzt so, als wäre das alles ganz normal. Doch sie versteht gar nichts.

„Wenn ihr neu seid, muss ich euch sagen, dass man hier in der Klasse nicht rülpst. Außerdem bitte ich euch, mir erst mal eure Namen zu sagen!“, sagt Frau Trudel streng.
„Ich bin das eine Olchi-Kind“, sagt das eine Olchi-Kind.
„Ich bin das andere Olchi-Kind“, sagt das andere Olchi-Kind.
„Soso“, sagt Frau Trudel, „na ja, wir werden ja sehen.“ Sie geht zurück an das Lehrerpult und holt ein paarmal tief Luft.
„Hattet ihr schon einmal Flöten-Unterricht?“, will sie von den Olchis wissen.
„Schleime-Schlamm und Käsefuß!“, sagt das eine Olchi-Kind.
„Was heißt hier Käsefuß?“, sagt Frau Trudel.
„Los, Larissa, leih den Olchi-Kindern mal deine Flöte. Ich möchte gerne wissen, wie weit sie schon sind.“

Larissa gibt dem einen Olchi-Kind ihre Flöte und Frau Trudel sagt: „Spiel uns doch einfach mal ein paar Töne vor!“ Das Olchi-Kind packt die Flöte mit beiden Händen und beißt ein Stück davon ab. Dann zerkruspelt es das ganze Instrument wie eine Salzstange.

„Schmeckt gut!“, sagt das Olchi-Kind und leckt sich die Lippen.

Die Kinder klatschen Beifall, johlen und schreien wild durcheinander.
Frau Trudel ruft: „Ruuuhe! Sofort ist hier Ruhe!“
„Meine Flöte!“, jammert Larissa. „Die haben meine Flöte gefressen!“
Frau Trudel sagt: „Ich verbitte mir solch dumme Späße! So geht das nicht!“

Dann schaut sie dem Olchi-Kind ganz streng in die Augen und sagt:
„Was fällt dir ein, so mit wertvollen Instrumenten umzugehen! So geht das wirklich nicht. Darüber sprechen wir nach der Stunde noch. Also dann. Wie steht es mit Singen? Könnt ihr mir ein Lied vorsingen?"
„Logo", sagt das eine Olchi-Kind, „das Olchi-Lied in drei Katastrophen."
„Gut", sagt Frau Trudel, „gut. Die Olchi-Kinder singen jetzt für uns ein Lied in drei Strophen."
„Erste Katastrophe", sagt das Olchi-Kind.
Die Olchis hüpfen auf die Schulbank und reißen ihre Olchi-Münder weit auf. Das stinkt so sehr, dass ein paar Fliegen tot zu Boden fallen.
Dann singen die Olchis:

1. Katastrophe:
Fliegenschiss und Olchi-Furz,
das Leben ist doch viel zu kurz!
Wir lieben Schlick und Schlamm und Schleim,
das Leben kann nicht schöner sein!

2. Katastrophe:
Wenn wir Stinkerbrühe trinken
und in Matschlöchern versinken,
fühlen wir uns muffelwohl.
Das Leben ist doch wundervoll!

„Das reicht!", ruft Frau Trudel dazwischen. Doch die Olchis sind jetzt richtig in Fahrt und schon geht es weiter:

3. Katastrophe:
Muffel-Furz und Müllberg-Schlecker,
Abfall schmeckt doch wirklich lecker!
Schleime-Schlamm-und-Käsefuß –
das Leben ist ein Hochgenuss!

„Ich möchte nicht, dass in meinem Unterricht so schreckliche Lieder gesungen werden!“, sagt Frau Trudel streng. Sie ist richtig böse geworden und läuft auf die Olchis zu.
Dabei stößt sie so heftig gegen den Tisch von Johannes, dass ein Glas mit Erde und Regenwürmern auf den Boden kracht und die Regenwürmer in alle Richtungen fliegen.

„Meine schönen Würmer!“, ruft Johannes.
Er hat sie extra für den Sachkunde-Unterricht mitgebracht.
Wie der Blitz flitzen die Olchis los.
Sie kriechen auf allen vieren, und schnell wie zwei Staubsauger schlecken sie die ganze Erde vom Boden weg.

Sie zerkauen die Glasscherben und den Metalldeckel, und sie mampfen, schmatzen und rülpsen, dass es eine Freude ist.
Nur die Würmer lassen sie liegen, denn Olchis essen keine Tiere.
„Du liebe Güte!“, ruft Frau Trudel besorgt.
„Hoffentlich bekommt ihr davon kein Bauchweh!“
„Wir haben nie Bauchweh!“, sagt das eine Olchi-Kind und pupst ein paar Mal kräftig.
„Na, das wollen wir hoffen“, sagt Frau Trudel.
Sie fächelt sich frische Luft zu.
Dann holt sie einen leeren Joghurtbecher aus dem Regal und gibt ihn Johannes.
Er soll seine Regenwürmer wieder einsammeln.
Das andere Olchi-Kind schaut mit hungrigen Augen auf das lange Lineal, das da auf dem Lehrerpult liegt.

„Nicht auch noch mein Lineal!“, ruft Frau Trudel entsetzt.
Sie packt das Lineal und sieht jetzt aus wie eine Kämpferin mit ihrem Schwert.
„Setzt euch sofort wieder auf eure Plätze!“, ruft sie. „Oder muss ich erst böse werden?“
Die Olchis hüpfen – schwupp – mit einem Satz aufs Fensterbrett.
„Fertig mit Unterricht!“, rufen sie.
„Schleime-Schlamm-und-Käsefuß!
Schule ist ein Hochgenuss!“
Die Olchis winken noch kurz zum Abschied.
Dann springen sie beide gleichzeitig aus dem Fenster, viereinhalb Meter hinunter in den Schulhof.

Olchis machen große Sprünge

„Das hat Spaß gemacht!“, sagt das eine Olchi-Kind.
„Schule ist toll!“, sagt das andere Olchi-Kind. „Ratten-Schwanz und Kröten-Furz! Guck mal, da vorne sind noch welche!“
Das Olchi-Kind meint die Schüler der 3 c. Die haben sich am Sportplatz zum Weitspringen versammelt.
Schnell rennen die Olchis hinüber zur Sprunggrube.
Natürlich sind auch die Kinder der 3 c ganz aus dem Häuschen, als die Olchis bei ihnen auftauchen. Der Turnlehrer, Herr Schnellbein, hat große Mühe, die Klasse zu beruhigen. Alle sind ganz aufgeregt.
„Wir sind die Olchi-Kinder, wir sind die

Neuen“, sagen die Olchi-Kinder. „Wir sind fertig mit dem Unterricht, wir waren bei Frau Nudel!“

„Soso. Ihr seid also aus der Klasse von Frau Trudel. Habt ihr denn jetzt schon frei?“, sagt Herr Schnellbein. „Na schön. Aber stört mir nicht meinen Unterricht! Wir machen jetzt weiter mit Weitsprung. Uwe Schmalstadt, du bist dran!“

Uwe nimmt Anlauf und springt in die Sandgrube.
„Zwei Meter zwanzig“, sagt Herr Schnellbein. Er schreibt zweizwanzig in sein Notizbuch.

„Klaus Müller!“, ruft Herr Schnellbein.
Klaus springt einen Meter und fünfundachtzig.
„Und jetzt Jakob Burde!“, ruft Herr Schnellbein.
„Ich spring auch!“, ruft da das eine

Olchi-Kind und flitzt los. Mit einem riesigen Satz fliegt es über die Sandgrube und sogar noch ein Stück darüber hinaus. Fast bis zum Schulhofzaun.

„Bravo! Superstark! Ober-Olchis!“, rufen die Kinder begeistert.

„Heiliger Müllsack, das kann ich auch!“, schreit das andere Olchi-Kind.
Und schon rennt es los und springt einfach über Herrn Schnellbein hinweg.
(Herr Schnellbein ist einen Meter

vierundachtzig groß, ohne Schuhe!) Es macht drei Purzelbäume, einen Salto vorwärts und springt.

Das Olchi-Kind saust durch die Luft über die Sprunggrube und fliegt über das Rasenstück. Schließlich bleibt es am Maschenzaun hängen.

Herrn Schnellbein steht vor Staunen der Mund offen.

„Das waren acht Meter fünfzig! Mindestens!“, ruft Jakob. „Herr Schnellbein, schreiben Sie achtfünfzig!“
Herr Schnellbein traut seinen Augen kaum.
„Aus der Klasse von Frau Trudel“, murmelt er und schüttelt den Kopf. „Also nein, so was, wer hätte das gedacht ...“
Die Olchis sind jetzt über den Zaun geklettert.
„Schule hat Spaß gemacht! Schleime-Schlamm-und-Käsefuß!“, rufen sie den Kindern zu.
Dann marschieren sie los, in Richtung Lehrer-Parkplatz. Sie wollen Feuerstuhl nicht länger warten lassen.
Die Kinder winken den Olchis noch eine ganze Weile nach. Auch als die Olchis längst auf ihrem Drachen sitzen und oben

in den Wolken verschwunden sind, stehen immer noch ein paar Schüler am Zaun und winken.

Schule macht hungrig

Zu Hause sitzt die übrige Olchi-Familie noch immer in der Höhle und muffelt. Da schieben die Olchi-Kinder den gammeligen Türlappen zur Seite und strecken ihre Knubbelnasen ins Zimmer.

„Hallo, da sind wir wieder!“, ruft das eine Olchi-Kind.

„Ihr seid ja lange weg gewesen!“, sagt Olchi-Mama. „Ich hab mir schon Sorgen gemacht, Muffel-Furz-Teufel!“

Olchi-Oma sagt nichts. Sie hat den Kopf immer noch im Grammofon-Trichter.
„Wir waren in der Schule bei Frau Nudel", erzählen die Olchi-Kinder. „Und es gab Flöte und Regenwürmer zu essen. Und wir haben gesungen. Und dann haben wir den Kindern gezeigt, wie man hüpft. Und wir sind mit Feuerstuhl geflogen. Ganz allein!"
Olchi-Opa brummelt: „Dann habt ihr ja ein richtiges Abenteuer erlebt! Glitschiges Glitschgewürm! Das müsst ihr mir aber genauer erzählen!"
Und die Olchi-Kinder setzen sich zu Olchi-Opa an den Ofen und erzählen ihm ihr Abenteuer noch einmal ganz genau. Am Ende sagt Olchi-Opa: „Schleime-Schlamm-und-Käsefuß! Würde ich auch gerne mal kennenlernen, so eine Schule!"

„Wir können ja alle zusammen noch mal hinfliegen“, sagt das eine Olchi-Kind. „Frau Nudel freut sich bestimmt, wenn sie euch alle sieht!“

„Gute Idee!“, sagt Olchi-Mama. „Das machen wir morgen. Jetzt kommt her. Es gibt Mittagessen!“

„Was gibt es denn?“, wollen die Olchi-Kinder wissen.

„Schmuddeltopf mit Soße“, sagt Olchi-Mama.

Da sind viele köstliche Sachen drin:

10 Liter braune Schmuddelbrühe
Zahnpasta aus der Tube
3 grüne Flaschen, das Glas fein zerstoßen
1 paar Schuhbänder
1 Spritzer schwarze Tinte
Als Beilage Gipsklößchen, überbackenen Ziegelstein und Plastiktütensalat

Als Nachtisch für jeden noch eine alte Batterie.

Bald schmatzen und schlecken die Olchis, dass es eine wahre Freude ist. Sogar Flutschi, die Fledermaus, hat sich ein Stückchen Ziegelstein stibitzt. Und Olchi-Baby hat aufgehört zu schreien. Es lutscht genussvoll an einem Gipsklößchen.
„Isst Olchi-Oma denn nicht mit?“, fragt das eine Olchi-Kind. Olchi-Oma steckt nämlich immer noch im Grammofon.
„Lasst Oma in Ruhe!“, sagt Olchi-Mama. „Einen schlafenden Olchi soll man nicht wecken.“
„Schmeckt wirklich krötig!“, sagt das andere Olchi-Kind. „Aber Flöten und Glasscherben sind auch nicht schlecht. Ich freue mich schon auf morgen bei Frau Nudel.“

Das Olchi-Lied
(1. Katastrophe)
Fliegenschiss und Olchi-Furz, das
Leben ist doch viel zu kurz! Wir
lieben Schlick und Schlamm und Schlei-eim, das
Leben kann nicht schöner sein!

Mehr über die Olchis
in der Erstlesereihe „Sonne, Mond und Sterne“

Die Olchis sind da
Die Olchis räumen auf
Die Olchis fliegen in die Schule
Die Olchis ziehen um
Die Olchis und der blaue Nachbar
Die Olchis feiern Weihnachten
Die Olchis im Zoo
Die Olchis auf Geburtstagsreise
Die Olchis und der faule König
Die Olchis und der schwarze Pirat

Außerdem sind bei Oetinger auch Bilder- und Kinderbücher, Hörbücher, CD-ROMs sowie Lernhilfen und Beschäftigungshefte mit den Olchis erschienen.

© Verlag Friedrich Oetinger GmbH, Hamburg 1997
Alle Rechte vorbehalten
Erstmals erschienen 1993 mit Schwarz-Weiß-Illustrationen
im Verlag Friedrich Oetinger GmbH, Hamburg
Einband- und Reihengestaltung: Ralph Bittner und Manfred Limmroth
Titelbild und farbige Illustrationen: Erhard Dietl
Druck und Bindung: Mohn media · Mohndruck GmbH, Gütersloh
Printed in Germany 2008
ISBN 978-3-7891-0532-6

www.olchis.de
www.oetinger.de

Sonne, Mond und Sterne

Fürs erste Lesen gibt's nichts Schöneres!

Lesealter ab 7/8
Große Schrift
Bekannte Autoren
Viele farbige Illustrationen

ISBN 978-3-7891-0520-3

Jan-Arne und sein Meerschweinchen King-Kong sind ein gutes Team! (6 Bände)

ISBN 978-3-7891-0644-6

Wo die Olchis sind, geht es drunter und drüber! (11 Bände)

ISBN 978-3-7891-0628-6

Lena findet Mathe blöd – aber es gibt viele andere Dinge, die sie begeistern! (6 Bände)

ISBN 978-3-7891-0639-2

Wenn Hexe Winnie zu zaubern beginnt, gibt es manchmal Überraschungen. (5 Bände)

ISBN 978-3-7891-0607-1

Pippa hat ihren eigenen Kopf und lässt sich nichts gefallen! (4 Bände)

ISBN 978-3-7891-0627-9

Der Franz hat immer große Pläne. Aber ob die klappen? (17 Bände)

Mehr über die »Sonne, Mond und Sterne«-Kinderbücher und die Hörbücher unter: ***www.oetinger.de*** *und* ***www.oetinger-audio.de***

Oetinger